ὀκτακόσιοι λόγοι καὶ εἰκόνες

800 Words and Images:
A New Testament Greek Vocabulary Builder

ὀκτακόσιοι λόγοι καὶ εἰκόνες

800 Words and Images:
A New Testament Greek Vocabulary Builder

T. Michael W. Halcomb

GlossaHouse
Wilmore, KY
www.GlossaHouse.com

GlossaHouse, LLC
110 Callis Circle
Wilmore, KY 40390

ὀκτακόσιοι λόγοι καὶ εἰκόνες
800 Words and Images: A New Testament Greek Vocabulary Builder

p. cm. — AGROS Series
ISBN-13: 978-0615828831
ISBN-10: 0615828833

The fonts used to create this work are available from
www.linguistsoftware.com/lgku.htm.
Some images used in this book are licensed and
copyright via Graphics Factory.com
Greek/English glosses in the glossary are used with
permission and are from BibleWorks (www.bibleworks.com).
Copyright ©1994-2013 BibleWorks, LLC. All rights reserved.

Cover Design by T. Michael W. Halcomb
Book Design by T. Michael W. Halcomb

To Silas Honor,
One day you'll be one of the greatest men in all of church history.

AGROS

Accessible Greek Resources and Online Studies

AGROS

The Greek word ἀγρός is a field where seeds are planted and growth occurs. It can also denote a small village or community that forms around such a field. The type of community envisioned here is one that attends to Holy Scripture, particularly one that encourages the use of biblical Greek. Accessible Greek Resources and Online Studies (AGROS) is a tiered curriculum suite featuring innovative readers, grammars, specialized studies, and other exegetical resources to encourage and foster the exegetical use of biblical Greek. The goal of AGROS is to facilitate the creation and publication of innovative and inexpensive print and digital resources for the exposition of Scripture within the context of the global church. The AGROS curriculum includes five tiers, and each tier is indicated on the book's cover: Tier 1 (Beginning I), Tier 2 (Beginning II), Tier 3 (Intermediate I), Tier 4 (Intermediate II), and Tier 5 (Advanced). There are also two resource tracks: Conversational and Translational. Both involve intensive study of morphology, grammar, syntax, and discourse features. The conversational track specifically values the spoken word, and the enhanced learning associated with speaking a language in actual conversation. The translational track values the written word, and encourages analytical study to aide in understanding and translating biblical Greek and other Greek literature. The two resource tracks complement one another and can be pursued independently or together.

Table of Contents - πίναξ

Introduction

An essential aspect of successfully navigating any foreign language is vocabulary acquisition. Acquiring the ability to comprehend, recall, and use vocabulary takes time and practice, whether in a communicative event involving two or more people or in a self-oriented activity such as reading. In some instances those wishing to learn a foreign language simply do not have the luxury of or opportunity to engage a teacher, classmates, and/or other conversation partners. This book was created with these types of learners and situations in mind. Yet many students who are capable of attending classes and engaging others can still find much benefit from this work.

As a vocabulary-building resource, all learners, whether autodidacts or participants in a classroom, can use this work to bolster their New Testament Greek vocabularies. To the best of my knowledge, no work like this one, which is related to Koine Greek, yet exists. There are, of course, scores of modern Greek picture books. The εικονγραφημένο ΛΕΞΙΚΟ: ΕΛΛΗΝΟ-ΑΓΓΛΙΚΟ (Athena: Ekdoseis Kaukas, 2004) contains thousands of words and many pictures but it is not related to or focused on Koine Greek. In many ways, then, *800 Words and Images* is a first-of-its-kind work.

How To Use This Book

800 Words and Images has been strategically arranged to assist students in gaining competency and fluency in Koine Greek vocabulary. Divided into ten sections, this work links together nearly eight hundred words from the New Testament with helpful visuals. In addition, audio files for each section have been created so that students can listen while interacting with the book. These files can be purchased separately via the GlossaHouse website at www.GlossaHouse.com.

The terms found in this book are almost all nouns and were chosen mostly on the basis of whether or not they could be (easily) illustrated. As one might expect, some words were more difficult to portray visually than others. In cases where students might be stumped by an image, they may briefly consult the glossary in the back of the book. Within each of the ten sections of this book words have been ordered by the frequency with which they appear in the New Testament. The words that appear most frequently come first and act as headwords. Each vocabulary term is followed by its frequency number which is given in red print. There are numerous occasions where more than one word is paired with a particular image. In such instances these additional terms will be listed in smaller print below the headword.

The ten sections of this book represent ten different semantic domains. Grouping the words and images in this manner allows students to make memorable contextual and visual connections. In the fields of neuroscience and cognitive linguistics, researchers such as T.C. Clausner and W. Croft, "Domains and Image Schemas," in *CL* 10/1 (1999): 1-31, as well as H.H. Shen, "Imagery and Verbal Coding Approaches in Chinese Vocabulary Instruction," *LTR* 14/4 (2010): 485-499, have shown that when images and sounds are combined in the process of vocabulary learning, this dramatically increases retention. Related studies in Mental Representation Theory, for example, those of M. Sadoski, "A Dual Coding View of Vocabulary Learning," in *RWQ* 21 (2005): 221-38 and E. Hester and B.W. Hodson, "The Role of Phonological Representation in Decoding Skills of Young Readers," in *CLTT* 20/2 (2004): 115-33, also show that in addition to sound, when printed images are provided for learners or mental visualizations are evoked in their minds, the overall effectiveness of vocabulary acquisition rises. *800 Words and Images* utilizes this research for the purpose of helping and encouraging Koine Greek Students.

Instead of using a Greek-to-English approach, this work strives to bypass English as much as possible and instead, aims to enable learners to contextualize Greek vocabulary by connecting terms with pictures and audio. One thing that this accomplishes is that it allows students to begin thinking in Greek right away–a feat which requires much less time and energy than filtering everything through a native language such as English first.

Some might charge that the images contained within this book are anachronous. For example, it could be argued that using a picture of a modernized theater for the entry ϑέατρον is misleading because it is not how an ancient person would have visualized a theater. Although this is true, part of my goal is to help modern readers connect with the ancient world as well as the world around them. With this basic vocabulary tool as their foundation, perhaps readers will be inspired to further research and explore the ancient world.

This brings us to the issues of polysemy and glosses. Polysemy is characterstic of a word that has more than one meaning. In Greek lexicons when a word is polysemous, multiple meanings and/or glosses are usually given. In this book, however, when a word might have more than one meaning, only one visual is given. For various meanings of a word one may consult a lexicon or the glossary at the back of this book.

It was with some hesitation that I chose to include a quick-reference glossary at the back of this book. The main reason for questioning the inclusion of this section orbited around my concerns that it might lead students away from using the book itself. After much thought, however, I decided that the majority of learners using this resource would likely be more interested in internalizing vocabulary rather than consulting a list of words. An added benefit of the glossary is that it prevents readers from having to purchase and repeatedly consult a lexicon. A related word of caution is in order, however: *users should interact with the back of the book as little as possible*. The basic rule of thumb should be to utilize the glossary only if one gets stuck on a word or image. Skipping over the main sections and jumping straight to the back will simply inhibit the learning process; thus, it should be avoided.

In closing, I would like to thank GlossaHouse for accepting this work. I would also like to express my gratitude to the members of the AGROS editorial board for their helpful input, which saved me from a number of errors, and to Fred Long in particular, whose additional perspective on vocabulary-building in relation to modern learning theories was helpful. I hope that all who use this book will be encouraged in their endeavors to not just memorize or learn some New Testament Greek terms but to internalize them. In turn, I hope that this will advance the cause of a more responsible and enjoyable engagement with the Greek New Testament.

T. Michael W. Halcomb
Pentecost, 2013

Ζῷα

ζῷον, -ου, τό 39x

πρόβατον, -ου, τό
39x

ἀρνίον, -ου, τό 30x
ἀμνός, -οῦ, ὁ 5x
ἀρήν, ἀρνός, ὁ 1x

θυσία, -ας, ἡ
28x

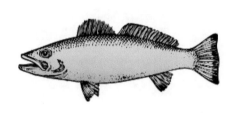

ἰχθύς, -ύος, ὁ
39x

ἵππος, -ου, ὁ
39x

ὄφις, -εως, ὁ 39x
ἔχιδνα, -ης, ἡ 5x
ἀσπίς, -ίδος, ἡ 1x

πετεινόν, -ου, τό 39x
στρουθίον, -ου, τό 4x
ὄρνεον, -ου, τό 3x

δράκων, -οντος, ὁ
39x

ἀλέκτωρ, -ορος, ὁ
39x

πῶλος, -ου, ὁ
12x

χοῖρος, -ου, ὁ 12x
ὗς, ὑός, ἡ 1x

περιστερά, -ᾶς, ἡ
10x

λέων, -οντος, ὁ
9x

βοῦς, βοός, ὁ
8x

ἀγέλη, -ης, ἡ
7x

ζυγός, -οῦ, ὁ
6x

κάμηλος, -ου, ὁ
6x

λύκος, -ου, ὁ
6x

μάστιξ, -ιγος, ἡ
6x

μόσχος, -ου, ὁ 6x
δάμαλις, -εως, ἡ 1x

ἀετός, -οῦ, ὁ
5x

ὄνος, -ου, ὁ 10x
ὑποζύγιον, -ου, τό 2x

οὐρά, -ᾶς, ἡ
10x

ὀψάριον, -ου, τό 10x
ἰχθύδιον, -ου, τό 2x

παγίς, -ίδος, ἡ
5x

κύων, κυνός, ἡ, ὁ
5x

ποίμνη, -ης, ἡ
5x

ποίμνιον, -ου, τό
5x

πτέρυξ, -υγος, ἡ
5x

σκορπίος, -ου, ὁ
5x

ἀκρίς, -ίδος, ἡ
4x

ἑρπετόν, -οῦ, τό
4x

κτῆνος, -ους, τό 5x
κτίσμα, -τος, τό 5x

κυνάριον, -ου, τό 6x
θρέμμα, -τος, τό 1x

ταῦρος, -ου, ὁ
4x

τράγος, -ου, ὁ
6x

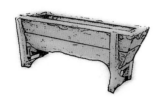

φάτνη, -ης, ἡ
4x

ἀλώπηξ, -εκος, ἡ
6x

σής, σητός, ὁ
5x

ἄγρα, -ας, ἡ
10x

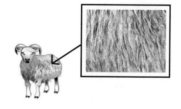

ἔριον, -ου, τό 10x
μηλωτή, -ῆς, ἡ 1x

ἔριφος, -ου, ὁ 5x
ἐρίφιον, -ου, τό 2x

ὄρνις, -ιθος, ἡ
5x

φωλεός, -οῦ, ὁ
5x

χαλινός, -οῦ, ὁ
5x

ἄγκιστρον, -ου, τό
1x

ἀλεκτοροφωνία, -ας, ἡ
1x

ἄρκος, -ου, ὁ
1x

βάτραχος, -ου, ὁ
1x

κῆτος, -ους, τό
1x

κώνωψ, -ωπος, ὁ
1x

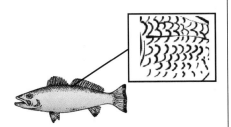

λεπίς, -ίδος, ἡ
1x

νοσσία, -ᾶς, ἡ
1x

νοσσίον, -ου, τό 1x
νοσσός, -οῦ, ὁ 1x

ὀνάριον, -ου, τό
1x

πάρδαλις, -εως, ἡ
1x

σαγήνη, -ης, ἡ
1x

σκώληξ, -ηκος, ὁ
1x

τρυγών, -όνος, ἡ
1x

ᾠόν, -οῦ, τό
1x

τὸ σῶμα

σῶμα, -τος, τό 142x

χείρ, χειρός, ἡ

177x

καρδία, -ας, ἡ 156x
σπλάγχνον, -ου, τό 11x

σάρξ, σαρκός, ἡ 147x
χρώς, χρωτός, ὁ 1x

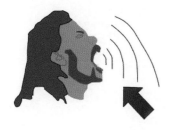

φωνή, -ῆς, ἡ
139x

νεκρός, -ά, -όν
128x

ὀφθαλμός, -οῦ, ὁ 100x
ὄμμα, -τος, τό 2x

αἷμα, -τος, τό
97x

πούς, ποδός, ὁ
93x

στόμα, -τος, τό
78x

πρόσωπον, -ου, τό
76x

κεφαλή, -ῆς, ἡ
75x

δεξιός, -ά, -όν
54x

γλῶσσα, -ης, ἡ
50x

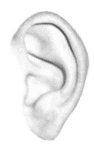

οὖς, ὠτός, τό 36x
ὠτίον, -ου, τό 3x
ὠτάριον, -ου, τό 3x

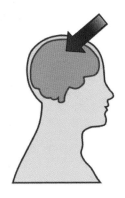

νοῦς, νοός, ὁ 24x
διάνοια, -ας, ἡ 12x
νεφρός, -οῦ, ὁ 1x

πληγή, -ῆς, ἡ 22x
ἕλκος, -ους, τό 3x
μώλωψ, -ωπος, ὁ 1x
στίγμα, -τος, τό 1x
τραῦμα, -τος, τό 1x

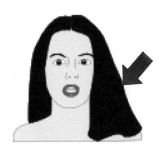

θρίξ, τριχός, ἡ 15x
κόμη, -ης, ἡ 1x

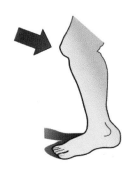

γόνυ, γόνατος, τό
12x

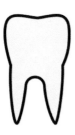

ὀδούς, ὀδόντος, ὁ
12x

βίος, -ου, ὁ
10x

δάκρυον, -ου, τό
10x

γαστήρ, -τρός, ἡ 9x
στόμαχος, -ου, ὁ 1x

δάκτυλος, -ου, ὁ
8x

μέτωπον, -ου, τό
8x

ὀσφύς, -ύος, ἡ 8x
μηρός, -οῦ, ὁ 1x

τράχηλος, -ου, ὁ
7x

χεῖλος, -ους, τό
7x

κόλπος, -ου, ὁ **6x**
στῆθος, -ους, τό **5x**
μαστός, -οῦ, ὁ   **3x**

πυρετός, -οῦ, ὁ
6x

πλευρά, -ᾶς, ἡ
5x

ἀριστερός, -ά, -όν
4x

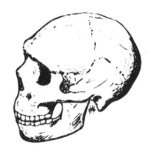

κρανίον, -ου, τό
4x

ὀστέον, -ου, τό
4x

βραχίων, -ονος, ὁ **3x**
ἀγκάλη, -ης, ἡ **3x**

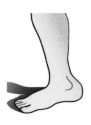

σκέλος, -ους, τό
3x

ἁφή, -ῆς, ἡ **2x**
ἁρμός, -οῦ, ὁ **1x**

μήτρα, -ας, ἡ
2x

σιαγών, -όνος, ἡ
2x

ὦμος, -ου, ὁ
2x

ἐμπλοκή, -ῆς, ἡ 1x
πλέγμα, -τος, τό 1x

ἐξέραμα, -τος, τό
1x

ἱδρώς, -ῶτος, ὁ
1x

κολλούριον, -ου, τό
1x

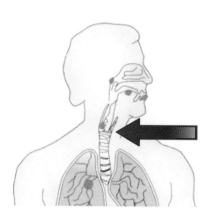

λάρυγξ, -γγος, ὁ
1x

νῶτος, -ου, ὁ
1x

ὄσφρησις, -εως, ἡ
1x

ὀφρύς, -ύος, ἡ
1x

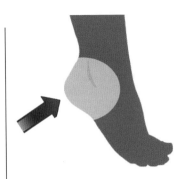

πτέρνα, -ης, ἡ
1x

πυγμή, -ῆς, ἡ
1x

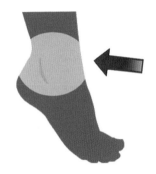

σφυδρόν, -οῦ, τό
1x

γένος

γένος -ου, τό 20x

πατήρ, πατρός, ὁ
413x

υἱός, -οῦ, ὁ
377x

ἀδελφός, -οῦ, ὁ
343x

τέκνον, -ου, τό
99x

μήτηρ, -τρος, ἡ 83x
τροφός, -οῦ, ἡ 1x

γυνή, -αικός, ἡ 73x
νύμφη, -ης, ἡ 8x

ἀνήρ, ἀνδρός, ὁ 51x
νυμφίος, -ου, ὁ 16x

θυγάτηρ, -τρός, ἡ
28x

ἀδελφή, -ῆς, ἡ
26x

γονεύς, -έως, ὁ 20x
πρόγονος, -ου, ὁ 2x

βρέφος, -ους, τό 8x
γέννημα, -τος, τό 4x

πενθερά, -ᾶς, ἡ
6x

πατριά, -ᾶς, ἡ 3x
συγγένεια, -ας, ἡ 3x

γενεαλογία, -ας, ἡ
2x

γενέσια, -ων, τό
2x

ἀνεψιός, -ου, ὁ
1x

μάμμη, -ης, ἡ 2x
συγγενίς, -ίδος, ἡ 1x

βρῶμα καὶ πόμα

βρῶμα, -τος, τό 17x   πόμα, -τος, τό 2x

ἄρτος, -ου, ὁ
97x

καρπός, -οῦ, ὁ 66x
γένημα, -τος, τό 4x
ὀπώρα, -ας, ἡ 1x

οἶνος, -ου, ὁ 34x
ὄξος, -ους, τό 6x
γλεῦκος, -ους, τό 1x

ποτήριον, -ου, τό 31x
φιάλη, -ης, ἡ 12x

ἑορτή, -ῆς, ἡ
25x

δεῖπνον, -ου, τό
16x

τροφή, -ῆς, ἡ 16x
διατροφή, -ῆς, ἡ 1x
χόρτασμα, -τος, τό 16x

σῖτος, -ου, ὁ 14x
ἄλευρον, -ου, τό 2x
σεμίδαλις, -εως, ἡ 1x
σιτίον, -ου, τό 14x

ἀσκός, -οῦ, ὁ
12x

ἔλαιον, -ου, τό
11x

πίναξ, -ακος, ἡ 5x
τρύβλιον, -ου, τό 2x
παροψίς, -ίδος, ἡ 1x

λάχανον, -ου, τό 4x
ἡδύοσμον, -ου, τό 2x

μέλι, -ιτος, τό
4x

πόσις, -εως, ἡ 3x

σταφυλή, -ῆς, ἡ 3x
βότρυς, -υος, ὁ 1x

ὑδρία, -ας, ἡ 3x
ξέστης, -ου, ὁ 1x
στάμνος, -ου, ἡ 1x

ἄχυρον, -ου, τό
2x

πάροινος, -ου, ὁ
2x

ψιχίον, -ου, τό
2x

ἀγγεῖον, -ου, τό 1x
ἄγγος, -ους, τό 1x

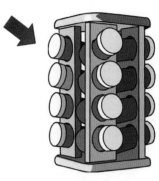

ἄμωμον, -ου, τό
1x

κιννάμωμον, -ου, τό
1x

ὄλυνθος, -ου, ὁ
1x

πότος, -ου, ὁ
1x

προσφάγιον, -ου, τό
1x

σίκερα, -ας, τό
1x

ὑπολήνιον, -ου, τό
1x

γλῶσσα καὶ διάνοια ... (wait)

γλῶσσα, -ης, ἡ 50x   διάνοια, -ας, ἡ 12x

λόγος, -ου, ὁ 330x
ῥῆμα, -τος, τό 68x
ἔπος, -ους, τό 1x

νόμος, -ου, ὁ
194x

σημεῖον, -ου, τό 77x
σύσσημον, -ου, ἡ 1x

ἐντολή, -ῆς, ἡ 67x
παραγγελία, -ας, ἡ 12x

γραφή, -ῆς, ἡ
50x

ἀκοή, -ῆς, ἡ 24x
ἀγγελία, -ας, ἡ 2x
φήμη, -ης, ἡ 2x
εὐφημία, -ας, ἡ 1x
φάσις, -εως, ἡ 1x

ἐπιστολή, -ῆς, ἡ
24x

μαρτύριον, -ου, τό
19x

παράπτωμα, -τος, τό
19x

γράμμα, -τος, τό
14x

διαλογισμός, -οῦ, ὁ 14x

διανόημα, -τος, τό 14

κάλαμος, -ου, ὁ
12x

κλῆσις, -εως, ἡ
11x

βίβλος, -ου, ἡ
10x

ὄναρ, τό
6x

ἐπιγραφή, -ῆς, ἡ
5x

ὀπτασία, -ας, ἡ 4x

ὅρασις, -εως, ἡ 4x

ὁρκωμοσία, -ας, ἡ
4x

ἀνάκρισις, -εως, ἡ
1x

πινακίδιον, -ου, τό
1x

χάρτης, -ου, ὁ
1x

τὰ ἔξω

ἔξω 63x

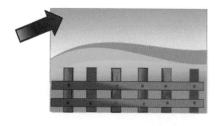

οὐρανός, -οῦ, ὁ 273x
στερέωμα, -τος, τό 1x

γῆ, γῆς, ἡ 250x
ἔδαφος, -ους, τό 1x

κόσμος, -ου, ὁ
186x

πόλις, -εως, ἡ 163x
κωμόπολις, -εως, ἡ 1x

βασιλεία, -ας, ἡ
162x

οἶκος, -ου, ὁ 114x
οἰκία, -ας, ἡ 93x
μονή, -ῆς, ἡ 2x
οἰκητήριον, -ου, τό 14x
ἔπαυλις, -εως, ἡ 1x

ὁδός, -οῦ, ἡ 101x
πλατύς, -εῖα, -ύ 10x
ῥύμη, -ης, ἡ 4x
ἀμφόδον, -ου, τό 1x
λιθόστρωτος, ον 1x
τροχιά, -ᾶς, ἡ 1x

θάλασσα, -ης, ἡ 91x
πέλαγος, -ους, τό 2x
πόντος, -ου, ὁ 2x
βυθός, -οῦ, ὁ 1x

ὕδωρ, ὕδατος, τό
76x

ἱερόν, -οῦ, τό 72x
ναός, -οῦ, ὁ 45x

πῦρ, -ός, τό 71x
πυρά, -ᾶς, ἡ 2x
ἀνθρακιά, -ᾶς, ἡ 2x

ὄρος, -ους, τό
63x

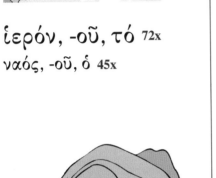

λίθος, -ου, ὁ 59x
πέτρα, -ας, ἡ 15x
ψῆφος, -ου, ἡ 3x

συναγωγή, -ῆς, ἡ
56x

ἔρημος, -ου, ἡ
48x

φυλακή, -ῆς, ἡ 47x
δεσμωτήριον, -ου, τό 4x

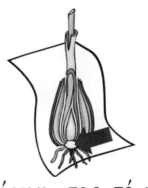

σπέρμα, -τος, τό 43x
σπόρος, -ου, ὁ 6x
σπορά, -ᾶς, ἡ 1x

ἀγρός, -οῦ, ὁ 36x
χωρίον, -ου, τό 10x
νομή, -ῆς, ἡ 2x
γεώργιον, -ου, τό 1x

ἥλιος, -ου, ὁ
32x

ἄνεμος, -ου, ὁ 31x
ἀήρ, ἀέρος, ὁ 7x
γαλήνη, -ης, ἡ 7x
πνοή, -ῆς, ἡ 2x

σκότος, -ους, τό 31x
σκοτία, -ας, ἡ 16x
γνόφος, -ου, ὁ 1x

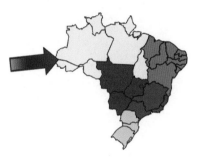

χώρα, -ας, ἡ 28x
ὅριον, -ου, τό 12x
κλίμα, -τος, τό 3x
ἐπαρχεία, -ας, ἡ 2x

κώμη, -ης, ἡ
27x

δένδρον, -ου, τό 25x
ξύλον, -ου, τό 20x

νεφέλη, -ης, ἡ 25x
νέφος, -ους, τό 1x

ἀστήρ, -έρος, ὁ 24x
ἄστρον, -ου, τό 14x
φωστήρ, -ῆρος, ὁ 2x
φωσφόρος, -ου, ὁ 1x

ἀμπελών, -ῶνος, ὁ
23x

θησαυρός, -οῦ, ὁ
17x

ποταμός, -οῦ, ὁ
17x

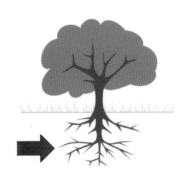

ῥίζα, -ης, ἡ
17x

συκῆ, -ῆς, ἡ
16x

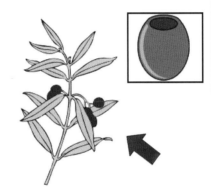

ἐλαία, -ας, ἡ 15x
ἀγριέλαιος, -ου, ἡ 2x
καλλιέλαιος, -ου, ἡ 1x

χόρτος, -ου, ὁ
15x

ἄκανθα, -ης, ἡ 14x
τρίβολος, -ου, ὁ 2x
σκόλοψ, -οπος, ὁ 1x

καπνός, -οῦ, ὁ
13x

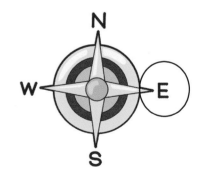

ἀνατολή, -ῆς, ἡ
11x

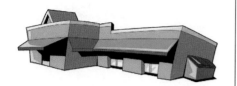

ἀγορά, -ᾶς, ἡ 11x
ἀγοραῖος, -ου, ὁ 2x
ἐμπόριον, -ου, τό 2x
μάκελλον, -ου, τό 1x
φόρον, -ου, τό 1x

κλάδος, -ου, ὁ
11x

λίμνη, -ης, ἡ 11x
χείμαρρος, ον 1x

πηγή, -ῆς, ἡ
11x

ἄμπελος, -ου, ἡ
9x

ἀστραπή, -ῆς, ἡ
9x

νῆσος, -ου, ἡ 9x
νησίον, -ου, τό 1x

σελήνη, -ης, ἡ
9x

μνῆμα, -τος, τό 8x
τάφος, -ου, ὁ 7x

κόκκος, -ου, ὁ
7x

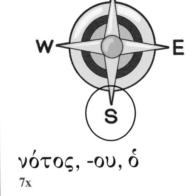

νότος, -ου, ὁ
7x

φρέαρ, -ατος, τό
7x

αἰγιαλός, -οῦ, ὁ
6x

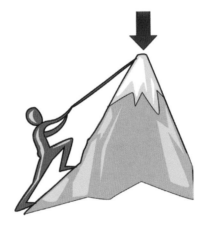

ἄκρον, -ου, τό
6x

ἀποθήκη, -ης, ἡ 6x
ταμεῖον, -ου, τό 4x

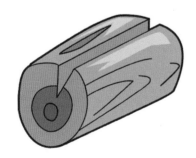

δοκός, -οῦ, ἡ
6x

σπήλαιον, -ου, τό
6x

φύλλον, -ου, τό 6x
στιβάς, -άδος, ἡ 1x

χειμών, -ῶνος, ὁ
6x

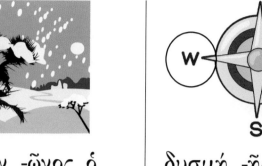

δυσμή, -ῆς, ἡ 5x
δύσις, -εως, ἡ 1x

κῆπος, -ου, ὁ
5x

κονιορτός, -οῦ, ὁ 5x
χοῦς, χοός, ὁ, ἡ 2x

κῦμα, -τος, τό 5x
κλύδων, -ωνος, ὁ 2x
σάλος, -ου, ὁ 2x

ληνός, -οῦ, ἡ
5x

ὑετός, -ου, ὁ 5x
βροχή, -ης, ἡ 2x
ὄψιμος, -ου, ὁ 1x

ἄνθος, -ους, τό
4x

κατακλυσμός, -οῦ, ὁ 4x
ἀνάχυσις, -εως, ἡ 1x
πλήμμυρα, -ης, ἡ 1x

κλῆμα, -τος, τό
4x

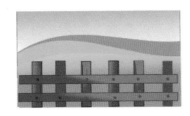

κτῆμα, -τος, τό 4x
οὐσία, -ας, ἡ 2x

πύργος, -ου, ὁ
4x

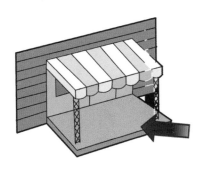

στοά, -ᾶς, ἡ 4x
προαύλιον, -ου, τό 1x

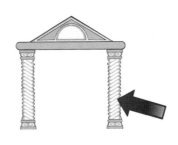

στῦλος, -ου, ὁ
4x

σῦκον, -ου, τό
4x

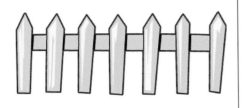

φραγμός, -οῦ, ὁ
4x

χάλαζα, -ης, ἡ
4x

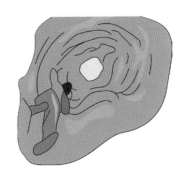

βόθυνος, -ου, ὁ
3x

θέατρον, -ου, τό 3x
ἀκροατήριον, -ου, τό 1x

κατάλυμα, -τος, τό 3x
ἀνάγαιον, -ου, τό 2x

κολυμβήθρα, -ας, ἡ
3x

κρημνός, -οῦ, ὁ
3x

λαῖλαψ, -απος, ἡ 3x
θύελλα, -ης, ἡ 3x
ὄμβρος, -ου, ὁ 1x

λιμήν, -ένος, ὁ
3x

μνημόσυνον, -ου, τό
3x

παράδεισος, -ου, ὁ
3x

δρόμος, -ου, ὁ
3x

σκήνωμα, -τος, τό 3x
σκῆνος, -ους, τό 2x

σποδός, -οῦ, ἡ
3x

φοῖνιξ, -ῖκος, ὁ, ἡ 3x
βάϊον, -ου, τό 1x

ἀνθρακιά, -ᾶς, ἡ
2x

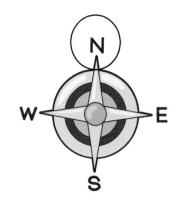

βορρᾶς, -ᾶ, ὁ
2x

βουνός, -οῦ, ὁ
2x

ἶρις, -ιδος, ἡ
2x

κατασκήνωσις, -εως, ἡ
2x

καῦμα, -τος, τό 2x
θέρμη, -ης, ἡ 1x

κρίνον, -ου, τό
2x

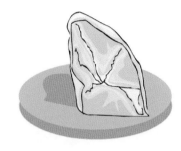

κρύσταλλος, -ου, ὁ
2x

χιών, -όνος, ἡ
2x

ἀλόη, -ης, ἡ
1x

ἄνθραξ, -ακος, ὁ
1x

ἀχλύς, -ύος, ἡ 1x
ὁμίχλη, -ης, ἡ 2x

βόρβορος, -ου, ὁ
1x

βοτάνη, -ης, ἡ 1x
φυτεία, -ας, ἡ 1x

διέξοδος, -ου, ἡ
1x

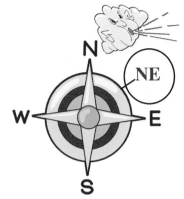

εὐρακύλων, -ωνος, ὁ
1x

θρόμβος, -ου, ὁ
1x

καλάμη, -ης, ἡ
1x

κατάβασις, -εως, ἡ
1x

κοιτών, -ῶνος, ὁ 1x
οἴκημα, -τος, τό 1x

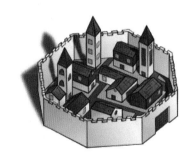

κολωνία, -ας, ἡ
1x

κοπρία, -ας, ἡ 1x
κόπριον, -ου, τό 1x
περικάθαρμα, -τος, τό 1x
περίψημα, -τος, τό 1x
ῥύπος, -ου, ὁ 1x

κόραξ, -ακος, ὁ
1x

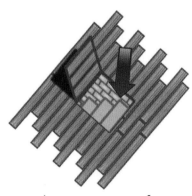

κρύπτη, -ης, ἡ
1x

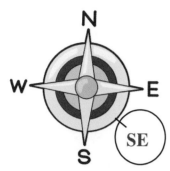

λίψ, λιβός, ὁ
1x

ὀχύρωμα, -τος, τό
1x

πανδοχεῖον, -ου, τό 1x
ταβέρνη, -ης, ἡ 1x

στέμμα, -τος, τό
1x

συκάμινος, -ου, ἡ 1x
συκομορέα, -ας, ἡ 1x

σχολή, -ῆς, ἡ
1x

τρῆμα, -τος, τό 1x
τρύπημα, -ατος, τό 1x

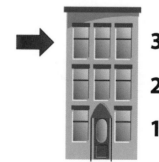

τρίστεγον, -ου, τό
1x

ὕλη, -ης, ἡ
1x

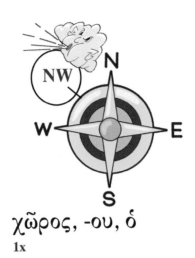

φάραγξ, -αγγος, ἡ 1x
χάσμα, -τος, τό 1x

χῶρος, -ου, ὁ
1x

ἀριθμοί *1, 2, 3, 4, 5...*

ἀριθμός, -οῦ, ὁ 18x

πρῶτος, -η, -ον
155x

2

δύο
135x

7

ἑπτά
88x

12

δώδεκα
75x

3

τρεῖς, τρία
69x

ἔσχατος, -η, -ον
52x

2nd

δεύτερος, -α, -ον
43x

4

τέσσαρες, -α
41x

5

πέντε
38x

10

δέκα
25x

1,000

χιλιάς, -άδος, ἡ 23x

χίλιοι, -αι, -α 11x

40

τεσσεράκοντα
22x

100

ἑκατόν
17x

6th

ἕκτος, -η, -ον
14x

6

ἕξ
13x

20

εἴκοσι
11x

30

τριάκοντα
11x

60

ἑξήκοντα
9x

2,000

διακόσιοι, -αι, -α
8x

10,000

μυριάς, -άδος, ἡ 8x
μύριοι, -αι, -α 3x

8

ὀκτώ
8x

50

πεντήκοντα
7x

11

ἕνδεκα
6x

5,000

πεντακισχίλιοι, -αι, -α
6x

600 ft.

στάδιος, -α, -ον
6x

14

δεκατέσσαρες, -α
5x

70

ἑβδομήκοντα
5x

9

ἐννέα
5x

90

ἐνενήκοντα
4x

400

τετρακόσιοι, -αι, -α
4x

15

δεκαπέντε
3x

μῆκος, -ους, τό
3x

18

δεκαοκτώ
2x

600

ἑξακόσιοι, -αι, -α
2x

80

ὀγδοήκοντα
2x

500

πεντακόσιοι, -αι, -α
2x

300

τριακόσιοι, -αι, -α

2x

1 qt.

χοῖνιξ, -ικος, ἡ

2x

1 ft.

βάσις, -εως, ἡ

1x

2,000

δισχίλιοι, -αι, -α

1x

7,000

ἑπτακισχίλιοι, -αι, -α

1x

κόρος, -ου, ὁ

1x

μετρητής, -οῦ, ὁ

1x

1 mi.

μίλιον, -ου, τό

1x

÷

τάγμα, -τος, τό

1x

3,000

τρισχίλιοι, -αι, -α

1x

πνεύματα  καὶ ἄνθρωποι

πνεῦμα, -τος, τό 379x   ἄνθρωπος, -ου, ὁ 550x

θεός, -οῦ, ὁ
1317x

μαθητής, -οῦ, ὁ
261x

ἀνήρ, ἀνδρός, ὁ
216x

γυνή, -αικός, ἡ
215x

ἄγγελος, -ου, ὁ 215x
χερούβ 1x

ὄχλος, -ου, ὁ 175x
λαός, -οῦ, ὁ 142x

προφήτης, -ου, ὁ
144x

δοῦλος, -η, -ον
126x

βασιλεύς, -έως, ὁ 115x
ἄρχων, -οντος, ὁ 37x

ἐκκλησία, -ας, ἡ
114x

πρεσβύτερος, -α, -ον
66x

δαιμόνιον, -ου, τό 63x
διάβολος, -ου, ὁ 37x

γραμματεύς, -έως, ὁ
63x

διδάσκαλος, -ου, ὁ
59x

παιδίον, -ου, τό
52x

τυφλός, -ή, -όν
50x

χρόνοι

χρόνος, -ου, ὁ 54x

ἡμέρα, -ας, ἡ
389x

ὥρα, -ας, ἡ
186x

νύξ, νυκτός, ἡ 61x
μεσονύκτιον, -ου, τό 52x

ἔτος, -ους, τό 49x
ἐνιαυτός, -οῦ, ὁ 14x

μήν, μηνός, ὁ
19x

ἑσπέρα, -ας, ἡ
3x

θέρος, -ους, τό
3x

ὄρθρος, -ου, ὁ 3x
πρωΐα, -ας, ἡ 2x
αὐγή, -ῆς, ἡ 2x

μεσημβρία, -ας, ἡ
2x

ἡμιώριον, -ου, τό
1x

νεομηνία, -ας, ἡ
1x

χρήματα

χρῆμα, -τος, τό **6x**

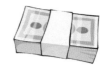

φῶς, φωτός, τό **73x**
φέγγος, -ους, τό **2x**

πλοῖον, -ου, τό **67x**
πλοιάριον, -ου, τό **5x**
σκάφη, -ης, ἡ **3x**

θρόνος, -ου, ὁ
62x

ἱμάτιον, -ου, τό **60x**
ἱματισμός, -οῦ, ὁ **5x**
ἔνδυσις, -εως, ἡ **1x**
καταστολή, -ῆς, ἡ **1x**

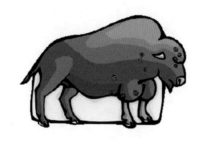

θηρίον, -ου, τό
46x

μνημεῖον, -ου, τό **40x**
ταφή, -ῆς, ἡ **1x**

θύρα, -ας, ἡ **39x**
εἴσοδος, -ου, ἡ **5x**

βιβλίον, -ου, τό **34x**
βίβλος, -ου, ἡ **10x**
βιβλαρίδιον, -ου, τό **3x**

μάχαιρα, -ης, ἡ **29x**
ῥομφαία, -ας, ἡ **7x**

μισθός, -οῦ, ὁ 29x
ὀψώνιον, -ου, τό 4x
ἀνταπόδομα, -τος, τό 2x
ἀντιμισθία, -ας, ἡ 2x
ἀνταπόδοσις, -εως, ἡ 1x

σταυρός, -οῦ, ὁ
27x

στέφανος, -ου, ὁ 25x
διάδημα, -τος, τό 3x

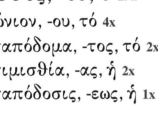

εἰκών, -όνος, ἡ 23x
εἴδωλον, -ου, τό 11x
πλάσμα, -τος, τό 1x

θυσιαστήριον, -ου, τό 23x
βωμός, -οῦ, ὁ 1x
θυμιατήριον, -ου, τό 1x

πλοῦτος, -ου, ὁ
22x

ἀργύριον, -ου, τό 20x
ἄργυρος, -ου, ὁ 5x

σκηνή, -ῆς, ἡ
20x

δῶρον, -ου, τό 19x
χάρισμα, -τος, τό 17x
δωρεά, -ᾶς, ἡ 11x
δόμα, -τος, τό 4x
δόσις, -εως, ἡ 2x
δώρημα, -τος, τό 2x

δεσμός, -οῦ, ὁ 18x
ἅλυσις, -εως, ἡ 11x
σειρά, -ᾶς, ἡ 1x

πόλεμος, -ου, ὁ
18x

γάμος, -ου, ὁ
16x

δηνάριον, -ου, ὁ 16x
χαλκός, -οῦ, ὁ 5x
λεπτός, -ή, -όν 3x
κέρμα, -τος, τό 1x
νόμισμα, -τος, τό 1x

σφραγίς, -ῖδος, ἡ
16x

θεμέλιος, -ου, ὁ 15x
καταβολή, -ῆς, ἡ 11x
θεμέλιον, -ου, τό 1x

τράπεζα, -ης, ἡ 15x
πλάξ, πλακός, ἡ 3x

τύπος, -ου, ὁ 15x
σκοπός, -οῦ, ὁ 1x

λύχνος, -ου, ὁ 14x
λαμπάς, -άδος, ἡ 9x
φανός, -οῦ, ὁ 1

μέτρον, -ου, τό
14x

μύρον, -ου, τό
14x

ἐλεημοσύνη, -ης, ἡ
13x

αὐλή, -ῆς, ἡ
12x

βῆμα, -τος, τό
12x

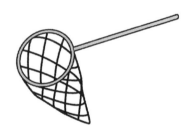

δίκτυον, -ου, τό 12x

θήρα, -ας, ἡ 1x

ῥάβδος, -ου, ἡ
12x

χρυσίον, -ου, τό 12x

χρυσός, -οῦ, ὁ 10x

κέρας, -ατος, τό
11x

σάλπιγξ, -ιγγος, ἡ
11x

χιτών, -ῶνος, ὁ 11x
ἐπενδύτης, -ου, ὁ 1x

ἀκαθαρσία, -ας, ἡ
10x

ἰσχύς, -ύος, ἡ
10x

ὅρκος, -ου, ὁ
10x

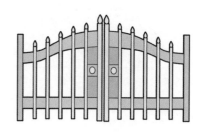

πύλη, -ης, ἡ
10x

ὑπόδημα, -τος, τό 10x
σανδάλιον, -ου, τό 2x

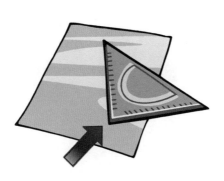

γωνία, -ας, ἡ
9x

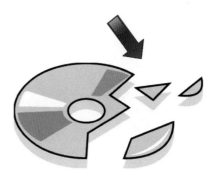

κλάσμα, -τος, τό
9x

κλίνη, -ης, ἡ
9x

μαργαρίτης, -ου, ὁ
9x

προσφορά, -ᾶς, ἡ
9x

τεῖχος, -ους, τό 9x
τοῖχος, -ου, ὁ 1x

δρέπανον, -ου, τό
8x

ζώνη, -ης, ἡ
8x

σχίσμα, -τος, τό
8x

χάραγμα, -τος, τό
8x

δῶμα, -τος, τό
7x

ἐπιταγή, -ῆς, ἡ
7x

σκιά, -ᾶς, ἡ
7x

ὑποπόδιον, -ου, τό
7x

φίλημα, -τος, τό
7x

φλόξ, φλογός, ἡ
7x

ψαλμός, -οῦ, ὁ 7x
ᾠδή, -ῆς, ἡ 7x

θυμίαμα, -τος, τό 6x
λιβανωτός, -οῦ, ὁ 2x

κάρφος, -ους, τό
6x

κιβωτός, -οῦ, ἡ
6x

κλείς, κλειδός, ἡ
6x

κόφινος, -ου, ὁ 6x
σπυρίς, -ίδος, ἡ 5x
σαργάνη, -ης, ἡ 1x

ὅπλον, -ου, τό
13x

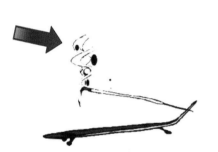

ὀσμή, -ῆς, ἡ
6x

πηλός, -οῦ, ὁ
6x

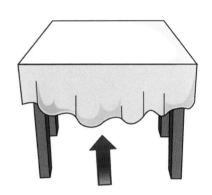

σινδών, -όνος, ἡ 6x
ὀθόνιον, -ου, τό 5x
σουδάριον, -ου, τό 4x
λέντιον, -ου, τό 2x
λίνον, -ου, τό 2x
ὀθόνη, -ης, ἡ 2x
βύσσος, -ου, ἡ 1x

φορτίον, -ου, τό
6x

γάλα, -ακτος, τό
5x

κράσπεδον, -ου, τό
5x

ἄγκυρα, -ας, ἡ
4x

ἅρμα, -τος, τό
4x

ἄρωμα, -τος, τό
4x

βαλλάντιον, -ου, τό
4x

ἐπίβλημα, -τος, τό
4x

ἱμάς, -άντος, ὁ
4x

κάλυμμα, -τος, τό
4x

κάμινος, -ου, ἡ 4x
κλίβανος, -ου, ὁ 2x

κιθάρα, -ας, ἡ
4x

μύλος, -ου, ὁ
4x

πορφύρα, -ας, ἡ
4x

σάκκος, -ου, ὁ
4x

γόμος, -ου, ὁ
3x

ἴαμα, -τος, τό 3x
ἴασις, -εως, ἡ 3x

ἰός, -οῦ, ὁ
3x

ἴχνος, -ους, τό
3x

καθέδρα, -ας, ἡ
3x

καύσων, -ωνος, ὁ
3x

πανοπλία, -ας, ἡ
3x

πρύμνα, -ης, ἡ
3x

σπόγγος, -ου, ὁ
3x

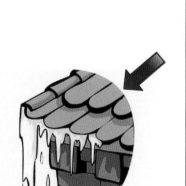

στέγη, -ης, ἡ 3x
κέραμος, -ου, ὁ 1x

τέχνη, -ης, ἡ
3x

ὑπάντησις, -εως, ἡ 3x
ἐπισυναγωγή, -ῆς, ἡ 3x
ἀντάλλαγμα, -τος, τό 2x

ἀξίνη, -ης, ἡ
2x

ἀτμίς, -ίδος, ἡ
2x

ἀφεδρών, -ῶνος, ὁ
2x

βραβεῖον, -ου, τό
2x

γάζα, -ης, ἡ
2x

γλωσσόκομον, -ου, τό
2x

δοχή, -ῆς, ἡ
2x

ἔσοπτρον, -ου, τό
2x

ἧλος, -ου, ὁ
2x

θυρίς, -ίδος, ἡ
2x

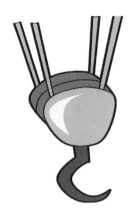

κεραία, -ας, ἡ
2x

κεράμιον, -ου, τό
2x

κεφάλαιον, -ου, τό
2x

λογεία, -ας, ἡ 2x
δέσμη, -ης, ἡ 1x

λουτρόν, -οῦ, τό 2x
νιπτήρ, -ῆρος, ὁ 1x

1 lb.

λίτρα, -ας, ἡ
2x

παροικία, -ας, ἡ
2x

περικεφαλαία, -ας, ἡ
2x

πηδάλιον, -ου, τό
6x

πρῷρα, -ης, ἡ
2x

πτερύγιον, -ου, τό
2x

πτύον, -ου, τό
2x

ῥαφίς, -ίδος, ἡ
2x

σπίλος, -ου, ὁ
2x

χαλκολίβανον, -ου, τό
2x

ἄντλημα, -τος, τό
1x

αὐλός, -οῦ, ὁ
1x

ἀφρός, -οῦ, ὁ
2x

βέλος, -ους, τό
8x

βήρυλλος, -ου, ὁ
1x

βρόχος, -ου, ὁ
1x

ἑδραίωμα, -τος, τό
1x

θήκη, -ης, ἡ
1x

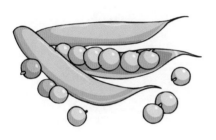

κεράτιον, -ου, τό
1x

κεφαλίς, -ίδος, ἡ
1x

κύμβαλον, -ου, τό
1x

λόγχη, -ης, ἡ
1x

μάρμαρος, -ου, ὁ
1x

μίγμα, -τος, τό
1x

προσκεφάλαιον, -ου, τό
1x

ῥυτίς, -ίδος, ἡ
1x

σίδηρος, -ου, ὁ
1x

σανίς, -ίδος, ἡ
1x

σιμικίνθιον, -ου, τό
1x

σκύβαλον, -ου, τό
1x

σορός, -οῦ, ἡ
1x

τόξον, -ου, τό
1x

τροχός, -οῦ, ὁ
1x

τρυμαλιά, -ᾶς, ἡ
1x

φραγέλλιον, -ου, τό
1x

φυγή, -ῆς, ἡ
1x

φυλακτήριον, -ου, τό
1x

χάραξ, -ακος, ὁ
1x

List of Vocabulary Words

α

ἀγγεῖον, -ου, τό - a vessel, flask, container

ἀγγελία, -ας, ἡ - a message

ἄγγελος, -ου, ὁ - an angel

ἄγγος, -ους, τό - vessel, container

ἀγέλη, -ης, ἡ - a herd

ἀγκάλη, -ης, ἡ - arm

ἄγκιστρον, -ου, τό - a fishhook

ἄγκυρα, -ας, ἡ - an anchor

ἀγορά, -ᾶς, ἡ - a market-place

ἀγοραῖος, -ου, ὁ - the marketplace

ἄγρα, -ας, ἡ - a hunting, a catch

ἀγριέλαιος, -ου, ἡ - a wild olive tree

ἀγρός, -οῦ, ὁ - a field

ἀδελφή, -ῆς, ἡ - a sister

ἀδελφός, -οῦ, ὁ - brother

ἀετός, -οῦ, ὁ - an eagle, vulture

ἀήρ, ἀέρος, ὁ - air

αἰγιαλός, -οῦ, ὁ - the seashore, beach

αἷμα, -τος, τό - blood

ἀκαθαρσία, -ας, ἡ - uncleanness, impurity

ἄκανθα, -ης, ἡ - a thorn

ἀκοή, -ῆς, ἡ - hearing, a report, news

ἀκρίς, -ίδος, ἡ - a locust

ἀκροατήριον, -ου, τό - auditorium, audience hall

ἄκρον, -ου, τό - high point, boundary

ἀλεκτοροφωνία, -ας, ἡ - crowing of a cock

ἀλέκτωρ, -ορος, ὁ - a cock

ἄλευρον, -ου, τό - wheat flour

ἀλόη, -ης, ἡ - aloes

ἄλυσις, -εως, ἡ - a chain

ἀλώπηξ, -εκος, ἡ - a fox

ἄμμος, -ου, ἡ - sand

ἀμνός, -οῦ, ὁ - a lamb

ἄμπελος, -ου, ἡ - vine

ἀμπελών, -ῶνος, ὁ - a vineyard

ἄμφοδον, -ου, τό - street

ἄμωμον, -ου, τό - amomum a spice

ἀναβαθμός, -οῦ, ὁ - a flight of stairs

ἀνάγαιον, -ου, τό - upper room

ἀνάκρισις, -εως, ἡ - an investigation, examination

ἀνατολή, -ῆς, ἡ - east, dawn

ἀνάχυσις, -εως, ἡ - a wide stream, flood, excess

ἄνεμος, -ου, ὁ - a wind

ἀνεψιός, -ου, ὁ - a cousin

ἀνήρ, ἀνδρός, ὁ - a husband, man

ἄνθος, -ους, τό - a flower

ἀνθρακιά, -ᾶς, ἡ - a charcoal fire

ἄνθραξ, -ακος, ὁ - charcoal, coals

ἄνθρωπος, -ου, ὁ - a man

ἄνοιξις, -εως, ἡ - an opening

ἀντάλλαγμα, -τος, τό - an exchange

ἀνταπόδομα, -τος, τό - repayment, reward, recompense

ἀνταπόδοσις, -εως, ἡ - recompense, reward

ἀντιμισθία, -ας, ἡ - a reward

ἄντλημα, -τος, τό - a bucket

ἀξίνη, -ης, ἡ - an axe

ἀποθήκη, -ης, ἡ - a storehouse, barn

ἀποσκίασμα, -τος, τό - a shadow

ἀργύριον, -ου, τό - silver

ἄργυρος, -ου, ὁ - silver

ἀρήν, ἀρνός, ὁ - a lamb

ἀριθμός, -οῦ, ὁ - a number

ἀριστερός, -ά, -όν - left, on the left

ἄρκος, -ου, ὁ - a bear

ἅρμα, -τος, τό - a chariot

ἁρμός, -οῦ, ὁ - a joint

ἀρνίον, -ου, τό - a lamb

ἄρτος, -ου, ὁ - bread, a loaf

ἄρχων, -οντος, ὁ - a ruler

ἄρωμα, -τος, τό - a spice

ἀσκός, -οῦ, ὁ - a leather bottle, wineskin

ἀσπίς, -ίδος, ἡ - an asp

ἀστήρ, -έρος, ὁ - a star

ἀστραπή, -ῆς, ἡ - lightning, brightness

ἄστρον, -ου, τό - a star

ἀτμίς, -ίδος, ἡ - vapor

αὐγή, -ῆς, ἡ - dawn

αὐλή, -ῆς, ἡ - a courtyard, court

αὐλός, -οῦ, ὁ - a flute

ἀφεδρών, -ῶνος, ὁ - toilet, latrine

ἀφή, -ῆς, ἡ - a joint

ἀφρός, -οῦ, ὁ - foam, foaming

ἀχλύς, -ύος, ἡ - a mist, mistiness

ἄχυρον, -ου, τό - chaff

β

βαθμός, -οῦ, ὁ - a step, grade

βάϊον, -ου, τό - a palm branch

βαλλάντιον, -ου, τό - a purse, money bag

βασιλεία, -ας, ἡ - a kingdom

βασιλεύς, -έως, ὁ - a king

βάσις, -εως, ἡ - a foot

βάτραχος, -ου, ὁ - a frog

βελόνη, -ης, ἡ - a needle

βέλος, -ους, τό - an arrow

βῆμα, -τος, τό - judgment seat

βήρυλλος, -ου, ὁ - beryl

βιβλαρίδιον, -ου, τό - a little book

βιβλίον, -ου, τό - a book

βίβλος, -ου, ἡ - a book

βίβλος, -ου, ἡ - a scroll

βίος, -ου, ὁ - life

βόθυνος, -ου, ὁ - a pit

βόρβορος, -ου, ὁ - mire, slime, mud

βορρᾶς, -ᾶ, ὁ - the north

βοτάνη, -ης, ἡ - herb, plant, vegetation

βότρυς, -υος, ὁ - a bunch of grapes

βουνός, -οῦ, ὁ - a hill

βοῦς, βοός, ὁ - an ox, a cow

βραβεῖον, -ου, τό - a prize

βραχίων, -ονος, ὁ - the arm

βρέφος, -ους, τό - child, baby

βροχή, -ης, ἡ - rain

βρόχος, -ου, ὁ - a noose

βρῶμα, -τος, τό - food

βυθός, -οῦ, ὁ - sea, deep water

βύσσος, -ου, ἡ - fine linen

βωμός, -οῦ, ὁ - an altar

γάγγραινα, -ης, ἡ - gangrene, cancer

γάζα, -ης, ἡ - treasure

γάλα, γαλακτος, τό - milk

γαλήνη, -ης, ἡ - a calm

γάμος, -ου, ὁ - a marriage, wedding, wedding feast

γαστήρ, -τρός, ἡ - the belly

γενεαλογία, -ας, ἡ - a genealogy

γενέσια, -ων, τό - a birthday celebration

γένημα, -τος, τό - fruit, produce, harvest

γέννημα, -τος, τό - offspring, child, brood

γένος, -ους, τό - race, kind

γεώργιον, -ου, τό - cultivated land, field

γῆ, γῆς, ἡ - the earth, land

γλεῦκος, -ους, τό - sweet new wine

γλῶσσα, -ης, ἡ - a tongue, language

γλωσσόκομον, -ου, τό - a money-box

γνόφος, -ου, ὁ - darkness

γόμος, -ου, ὁ - cargo, freight

γονεύς, -έως, ὁ - a parent

γόνυ, γόνατος, τό - a knee

γράμμα, -τος, τό - a letter; writings plural

γραμματεύς, -έως, ὁ - a scribe

γραφή, -ῆς, ἡ - a writing, Scripture

γυνή, -αικός, ἡ - a wife, woman

γυνή, -αικός, ἡ - a woman, wife

γωνία, -ας, ἡ - an angle, a corner

δαιμόνιον, -ου, τό - a demon

δάκρυον, -ου, τό   -   a tear

δακτύλιος, -ου, ὁ   -   a ring

δάκτυλος, -ου, ὁ   -   a finger

δάμαλις, -εως, ἡ   -   a heifer, young cow

δεῖπνον, -ου, τό   -   a supper

δέκα   -   ten

δεκαοκτώ   -   eighteen

δεκαπέντε   -   fifteen

δεκατέσσαρες   -   fourteen

δένδρον, -ου, τό   -   a tree

δεξιός, -ά, -όν   -   right

δεξιός, -ά, -όν   -   right

δέρμα, -τος, τό   -   skin, hide

δέσμη, -ης, ἡ   -   a bundle

δεσμός, -οῦ, ὁ   -   a fetter, bond, chain

δεσμωτήριον, -ου, τό   -   a prison, jail

δεύτερος, -α, -ον   -   second

δηνάριον, -ου, ὁ   -   a denarius

διάβολος, -ου, ὁ   -   slanderer, accuser, the Devil

διάδημα, -τος, τό   -   a diadem, crown

διακόσιοι, -αι, -α   -   two hundred

διαλογισμός, -οῦ, ὁ   -   a reasoning, questioning, thought

διανόημα, -τος, τό   -   a thought

διάνοια, -ας, ἡ   -   the mind, understanding, a thought

διατροφή, -ῆς, ἡ   -   food, nourishment

διδάσκαλος, -ου, ὁ   -   a teacher

διέξοδος, -ου, ἡ   -   an outlet, a way out

διετία, -ας, ἡ   -   a space of two years

δίκτυον, -ου, τό   -   a net

δισχίλιοι, -αι, -α   -   two thousand

δοκός, -οῦ, ἡ   -   a beam of timber, log

δόμα, -τος, τό   -   a present, gift

δόσις, -εως, ἡ   -   gift, giving

δοῦλος, -η, -ον   -   a slave

δοχή, -ῆς, ἡ - a reception, a banquet

δράκων, -οντος, ὁ - a dragon

δρέπανον, -ου, τό - a sickle, a pruning hook

δρόμος, -ου, ὁ - a course, race

δύο - two

δύσις, -εως, ἡ - west, a sinking

δυσμή, -ῆς, ἡ - the western region

δώδεκα - twelve

δῶμα, -τος, τό - a house, a housetop

δωρεά, -ᾶς, ἡ - a gift

δώρημα, -τος, τό - a gift, present

δῶρον, -ου, τό - a gift

ε

ἑβδομήκοντα - seventy

ἔδαφος, -ους, τό - ground

ἑδραίωμα, -τος, τό - a support

εἴδωλον, -ου, τό - an image, idol

εἴκοσι - twenty

εἰκών, -όνος, ἡ - an image, likeness

εἴσοδος, -ου, ἡ - an entrance

ἑκατόν - a hundred

ἐκκλησία, -ας, ἡ - assembly, congregation, church

ἕκτος, -η, -ον - sixth

ἐλαία, -ας, ἡ - an olive tree

ἔλαιον, -ου, τό - olive oil

ἐλεημοσύνη, -ης, ἡ - alms

ἕλκος, -ους, τό - a wound, a sore, an ulcer

ἐμπλοκή, -ῆς, ἡ - braiding, braid

ἐμπόριον, -ου, τό   -   a market

ἔνδεκα   -   eleven

ἔνδυσις, -εως, ἡ   -   a putting on , clothing

ἐνενήκοντα   -   ninety

ἐνιαυτός, -οῦ, ὁ   -   a year

ἐννέα   -   nine

ἔννοια, -ας, ἡ   -   a thought, intention, purpose

ἐντολή, -ῆς, ἡ   -   a commandment

ἕξ   -   six

ἑξακόσιοι, -αι, -α   -   six hundred

ἐξέραμα, -τος, τό   -   vomit

ἑξήκοντα   -   sixty

ἑορτή, -ῆς, ἡ   -   a feast

ἐπαρχεία, -ας, ἡ   -   a province

ἔπαυλις, -εως, ἡ   -   a homestead, residence

ἐπενδύτης, -ου, ὁ   -   outer garment, coat

ἐπίβλημα, -τος, τό   -   a patch

ἐπιγραφή, -ῆς, ἡ   -   an inscription

ἐπικάλυμμα, -τος, τό   -   a cover, veil

ἐπιστολή, -ῆς, ἡ   -   a letter

ἐπισυναγωγή, -ῆς, ἡ   -   meeting, assembling

ἐπιταγή, -ῆς, ἡ   -   a command, commandment

ἔπος, -ους, τό   -   a word

ἑπτακισχίλιοι, -αι, -α   -   seven thousand

ἐρημία, -ας, ἡ   -   a wilderness, desert

ἔρημος, -ου, ἡ   -   a desert, wilderness

ἔριον, -ου, τό   -   wool

ἐρίφιον, -ου, τό   -   a goat

ἔριφος, -ου, ὁ   -   a young goat, kid

ἑρπετόν, -οῦ, τό   -   a creeping thing, reptile

ἔσοπτρον, -ου, τό   -   a mirror

ἑσπέρα, -ας, ἡ   -   evening

ἔσχατος, -η, -ον   -   last

ἔτος, -ους, τό   -   a year

εὐρακύλων, -ωνος, ὁ - a northeast wind

εὐφημία, -ας, ἡ - a good report

ἔχιδνα, -ης, ἡ - a viper

ζευκτηρία, -ας, ἡ - a band, rope

ζυγός, -οῦ, ὁ - a yoke

ζώνη, -ης, ἡ - a belt

ζῷον, -ου, τό - a living creature, an animal

ἡδύοσμον, -ου, τό - mint

ἥλιος, -ου, ὁ - the sun

ἧλος, -ου, ὁ - a nail

ἡμέρα, -ας, ἡ - a day

ἡμιώριον, -ου, τό - half an hour

ϑ

θάλασσα, -ης, ἡ - the sea

θέατρον, -ου, τό   -   a theater, a spectacle

θεμέλιον, -ου, τό   -   foundation, basis

θεμέλιος, -ου, ὁ   -   a foundation

θεός, -οῦ, ὁ   -   a god, God

θέρμη, -ης, ἡ   -   heat

θέρος, -ους, τό   -   summer

θήκη, -ης, ἡ   -   a sheath

θήρα, -ας, ἡ   -   a net, trap

θηρίον, -ου, τό   -   a wild beast

θησαυρός, -οῦ, ὁ   -   a storehouse, treasure

θρέμμα, -τος, τό   -   a domesticated animal; cattle plural

θρίξ, τριχός, ἡ   -   a hair

θρόμβος, -ου, ὁ   -   a drop

θρόνος, -ου, ὁ   -   a throne

θυγάτηρ, -τρός, ἡ   -   a daughter

θύελλα, -ης, ἡ   -   a storm, whirlwind

θυμίαμα, -τος, τό   -   incense

θυμιατήριον, -ου, τό   -   an altar of incense, a censer

θύρα, -ας, ἡ   -   a door

θυρεός, -οῦ, ὁ   -   a shield

θυρίς, -ίδος, ἡ   -   a window

θυσία, -ας, ἡ   -   a sacrifice

θυσιαστήριον, -ου, τό   -   an altar

ι

ἴαμα, -τος, τό   -   a healing

ἴασις, -εως, ἡ   -   a healing, cure

ἱδρώς, -ῶτος, ὁ   -   sweat, perspiration

ἱερόν, -οῦ, τό   -   a temple

ἱμάς, -άντος, ὁ   -   a thong, strap

ἱμάτιον, -ου, τό   -   a garment

ἱματισμός, -οῦ, ὁ   -   clothing

ἰός, -οῦ, ὁ   -   rust, poison

ἵππος, -ου, ὁ   -   a horse

ἶρις, -ιδος, ἡ   -   a rainbow

ἰσχύς, -ύος, ἡ   -   strength

ἰχθύδιον, -ου, τό   -   a small fish

ἰχθύς, -ύος, ὁ   -   a fish

ἴχνος, -ους, τό   -   a track, footprint, step

κ

καθέδρα, -ας, ἡ   -   a seat, chair

καλάμη, -ης, ἡ   -   stubble, straw

κάλαμος, -ου, ὁ   -   a reed

καλλιέλαιος, -ου, ἡ   -   a cultivated olive tree

κάλυμμα, -τος, τό   -   a covering, veil

κάμηλος, -ου, ὁ   -   camel

κάμινος, -ου, ἡ   -   a furnace

καπνός, -οῦ, ὁ   -   smoke

καρδία, -ας, ἡ   -   the heart

καρπός, -οῦ, ὁ   -   fruit

κάρφος, -ους, τό   -   a speck

κατάβασις, -εως, ἡ   -   descent, slope

καταβολή, -ῆς, ἡ   -   a foundation

κατακλυσμός, -οῦ, ὁ   -   a flood

κατάλυμα, -τος, τό   -   a lodging place

καταρτισμός, -οῦ, ὁ   -   equipment, equipping

κατασκήνωσις, -εως, ἡ   -   a place to live, nest

καταστολή, -ῆς, ἡ   -   attire, clothing

καῦμα, -τος, τό   -   burning, heat

καύσων, -ωνος, ὁ   -   burning heat

κεραία, -ας, ἡ   -   a projection, hook, stroke

κεράμιον, -ου, τό   -   an earthen vessel, jar

κέραμος, -ου, ὁ clay,   -   a roof tile

κέρας, -ατος, τό   -   horn

κεράτιον, -ου, τό   -   carob pods

κέρμα, -τος, τό   -   a piece of money, coin

κεφάλαιον, -ου, τό   -   main thing, main point, sum of money

κεφαλή, -ῆς, ἡ   -   head

κεφαλίς, -ίδος, ἡ   -   roll of a book

κῆπος, -ου, ὁ   -   a garden

κῆτος, -ους, τό   -   a sea-monster   Whale

κιβωτός, -οῦ, ἡ   -   a wooden box, ark

κιθάρα, -ας, ἡ   -   a lyre, harp

κιννάμωμον, -ου, τό   -   cinnamon

κλάδος, -ου, ὁ   -   a branch of a tree

κλάσμα, -τος, τό   -   a broken piece

κλείς, κλειδός, ἡ   -   a key

κλῆμα, -τος, τό   -   a vine branch

κλῆρος, -ου, ὁ   -   a lot, portion

κλῆσις, -εως, ἡ   -   a divine call, invitation, summons

κλίβανος, -ου, ὁ   -   an oven, furnace

κλίμα, -τος, τό   -   a region

κλινάριον, -ου, τό   -   a bed, cot

κλίνη, -ης, ἡ   -   a couch

κλινίδιον, -ου, τό   -   a small bed, cot

κλύδων, -ωνος, ὁ   -   rough water, a wave

κοδράντης, -ου, ὁ   -   a quadrans penny

κοιτών, -ῶνος, ὁ   -   a bedroom, bedchamber

κόκκος, -ου, ὁ   -   a grain, seed

κολλούριον, -ου, τό   -   eye salve

κόλπος, -ου, ὁ   -   a bosom, breast

κολυμβήθρα, -ας, ἡ   -   a pool

κολωνία, -ας, ἡ   -   a colony

κόμη, -ης, ἡ   -   long hair

κονιορτός, -οῦ, ὁ   -   dust

κοπρία, -ας, ἡ   -   a manure pile

κόπριον, -ου, τό   -   dung, manure , filth, dirt

κόραξ, -ακος, ὁ   -   crow, raven

κόρος, -ου, ὁ   -   measure

κόσμος, -ου, ὁ   -   the world

κόφινος, -ου, ὁ   -   a basket

κράβαττος, -ου, ὁ   -   a mattress, pallet, bed

κρανίον, -ου, τό   -   a skull

κράσπεδον, -ου, τό   -   a border, tassel, fringe

κρημνός, -οῦ, ὁ   -   a steep bank, cliff

κρίνον, -ου, τό   -   a lily

κρύπτη, -ης, ἡ   -   a dark and hidden place, a cellar, crypt

κρύσταλλος, -ου, ὁ   -   a rock-crystal

κτῆμα, -τος, τό   -   a possession, piece of property

κτῆνος, -ους, τό   -   a beast of burden

κτίσμα, -τος, τό   -   a creature

κῦμα, -τος, τό   -   a wave

κύμβαλον, -ου, τό   -   a cymbal

κυνάριον, -ου, τό   -   a little dog

κύων, κυνός, ἡ, ὁ   -   a dog

κώμη, -ης, ἡ   -   a village

κωμόπολις, -εως, ἡ   -   a market town, country town

κώνωψ, -ωπος, ὁ   -   a gnat, mosquito

λαῖλαψ, -απος, ἡ   -   a hurricane, storm, gale

λαμπάς, -άδος, ἡ   -   a torch, lamp

λαός, -οῦ, ὁ   -   a people

λάρυγξ, -γγος, ὁ   -   the throat

λάχανον, -ου, τό   -   a garden herb, a vegetable

λέντιον, -ου, τό   -   linen cloth, towel

λεπίς, -ίδος, ἡ   -   a scale of a fish

λέπρα, -ας, ἡ   -   leprosy

λεπτός, -ή, -όν   -   thin, small coin

λέων, -οντος, ὁ   -   a lion

ληνός, -οῦ, ἡ   -   a wine press

λιβανωτός, -οῦ, ὁ   -   incense, censer

λίθος, -ου, ὁ   -   a stone

λιθόστρωτος, ον   -   a stone pavement, mosaic

λιμήν, -ένος, ὁ   -   a harbor, a haven

λίμνη, -ης, ἡ   -   a lake

λίνον, -ου, τό   -   a lamp-wick, linen garment

λίτρα, -ας, ἡ   -   a Roman pound

λίψ, λιβός, ὁ   -   the southwest

λογεία, -ας, ἡ   -   a collection

λόγος, -ου, ὁ   -   a word, the Word

λόγχη, -ης, ἡ   -   a spear, lance

λουτρόν, -οῦ, τό   -   a bath, washing

λύκος, -ου, ὁ   -   a wolf

λύχνος, -ου, ὁ   -   a lamp

μαθητής, -οῦ, ὁ   -   a disciple

μάκελλον, -ου, τό   -   a meat market, food market

μάμμη, -ης, ἡ   -   a grandmother

μαργαρίτης, -ου, ὁ   -   a pearl

μάρμαρος, -ου, ὁ   -   marble

μαρτύριον, -ου, τό   -   a testimony, witness, proof

μάστιξ, -ιγος, ἡ   -   a whip, scourge, affliction

μαστός, -οῦ, ὁ   -   breast, nipple

μάχαιρα, -ης, ἡ   -   a sword

μέλι, -ιτος, τό   -   honey

μερίς, -ίδος, ἡ   -   a part, portion

μερισμός, -οῦ, ὁ   -   a division, distribution

μεσημβρία, -ας, ἡ   -   midday, noon, the south

μεσονύκτιον, -ου, τό   -   midnight

μετρητής, -οῦ, ὁ   -   a liquid measure

μέτρον, -ου, τό   -   a measure

μέτωπον, -ου, τό   -   the forehead

μῆκος, -ους, τό   -   length

μηλωτή, -ῆς, ἡ   -   a sheepskin

μήν, μηνός, ὁ   -   a month

μηρός, -οῦ, ὁ   -   the thigh

μήτηρ, -τρος, ἡ   -   a mother

μήτρα, -ας, ἡ   -   the womb

μίγμα, -τος, τό   -   a mixture, compound

μίλιον, -ου, τό   -   a mile

μισθός, -οῦ, ὁ   -   wages, reward

μνῆμα, -τος, τό   -   grave, tomb

μνημεῖον, -ου, τό   -   a tomb, monument

μνημόσυνον, -ου, τό   -   memory, a memorial

μονή, -ῆς, ἡ   -   a dwelling-place, abode, room

μόσχος, -ου, ὁ   -   a calf

μύλος, -ου, ὁ   -   a mill, a millstone

μυριάς, -άδος, ἡ   -   ten thousand, a myriad

μύριοι, -αι, -α   -   ten thousand

μύρον, -ου, τό   -   ointment, perfume

μώλωψ, -ωπος, ὁ   -   a bruise, wound

ν

ναός, -οῦ, ὁ   -   a temple

ναῦς   -   a ship

νεκρός, -ά, -όν   -   dead

νεομηνία, -ας, ἡ   -   the new moon, first of the month

νεφέλη, -ης, ἡ   -   a cloud

νέφος, -ους, τό   -   a cloud

νεφρός, -οῦ, ὁ   -   a mind

νησίον, -ου, τό   -   a small island

νῆσος, -ου, ἡ   -   an island

νιπτήρ, -ῆρος, ὁ   -   a wash basin

νομή, -ῆς, ἡ   -   a pasture, spreading

νόμισμα, -τος, τό   -   a coin

νόμος, -ου, ὁ   -   a law, the Law

νοσσία, -ᾶς, ἡ   -   a brood

νοσσίον, -ου, τό   -   a young bird

νοσσός, -οῦ, ὁ   -   a young bird

νότος, -ου, ὁ   -   the south wind, south

νοῦς, νοός, ὁ   -   the mind

νύμφη, -ης, ἡ   -   a bride

νυμφίος, -ου, ὁ   -   a groom, bridegroom

νυμφών, -ῶνος, ὁ   -   a bridal chamber, wedding hall

νύξ, νυκτός, ἡ   -   night

νῶτος, -ου, ὁ   -   the back

ξ

ξέστης, -ου, ὁ   -   a pitcher, jug
ξύλον, -ου, τό   -   wood, tree

ο

ὀγδοήκοντα   -   eighty
ὁδός, -οῦ, ἡ   -   a way, road, journey
ὀδούς, ὀδόντος, ὁ   -   a tooth
ὀθόνη, -ης, ἡ   -   linen cloth, sheet
ὀθόνιον, -ου, τό   -   a piece of fine linen
οἰκεῖος, -ου, ὁ   -   family, household
οἴκημα, -τος, τό   -   a room, dwelling, prison cell
οἰκητήριον, -ου, τό   -   dwelling, habitation, abode
οἰκία, -ας, ἡ   -   a house
οἰκιακός, -οῦ, ὁ   -   member of household, kin
οἶκος, -ου, ὁ   -   a house, home
οἶνος, -ου, ὁ   -   wine
ὀκτώ   -   eight
ὄλυνθος, -ου, ὁ   -   a late fig, an unripe fig
ὄμβρος, -ου, ὁ   -   a shower, thunderstorm
ὀμίχλη, -ης, ἡ   -   a mist, fog
ὄμμα, -τος, τό   -   an eye
ὄναρ, τό   -   a dream
ὀνάριον, -ου, τό   -   a young donkey

ὄνος, -ου, ὁ   -   an ass, donkey

ὄξος, -ους, τό   -   sour wine

ὀπή, -ῆς, ἡ   -   opening, hole

ὅπλον, -ου, τό   -   a tool, implement, weapon

ὀπτασία, -ας, ἡ   -   a vision

ὀπώρα, -ας, ἡ   -   fruit

ὅρασις, -εως, ἡ   -   a vision, appearance

ὄρθρος, -ου, ὁ   -   daybreak, dawn, early morning

ὅριον, -ου, τό   -   a boundary, region

ὅρκος, -ου, ὁ   -   an oath

ὁρκωμοσία, -ας, ἡ   -   an oath

ὄρνεον, -ου, τό   -   a bird

ὄρνις, -ιθος, ἡ   -   a hen

ὄρος, -ους, τό   -   a mountain

ὀσμή, -ῆς, ἡ   -   a smell, aroma, fragrance

ὀστέον, -ου, τό   -   a bone

ὄσφρησις, -εως, ἡ   -   the sense of smell, nose

ὀσφύς, -ύος, ἡ   -   the loin

οὐρά, -ᾶς, ἡ   -   a tail

οὐρανός, -οῦ, ὁ   -   heaven

οὖς, ὠτός, τό   -   an ear

οὐσία, -ας, ἡ   -   property, estate

ὀφθαλμός, -οῦ, ὁ   -   an eye

ὄφις, -εως, ὁ   -   a serpent

ὀφρύς, -ύος, ἡ   -   an eyebrow

ὄχλος, -ου, ὁ   -   a crowd, multitude

ὀχύρωμα, -τος, τό   -   a fortress

ὀψάριον, -ου, τό   -   fish

ὄψιμος, -ου, ὁ   -   late rain, spring rain

ὀψώνιον, -ου, τό   -   compensation, wages

π

παγίς, -ίδος, ἡ   -   a trap, snare

παιδίον, -ου, τό   -   an infant, child

πανδοχεῖον, -ου, τό   -   inn

πανήγυρις, -εως, ἡ   -   festal gathering

πανοπλία, -ας, ἡ   -   full armor

παραγγελία, -ας, ἡ   -   an instruction a command

παράδεισος, -ου, ὁ   -   paradise

παράπτωμα, -τος, τό   -   a trespass

πάρδαλις, -εως, ἡ   -   a leopard

παροικία, -ας, ἡ   -   a sojourn, stay

πάροινος, -ου, ὁ   -   addicted to wine, drunken

παροψίς, -ίδος, ἡ   -   a dish, plate

πατήρ, πατρός, ὁ   -   father

πατριά, -ᾶς, ἡ   -   lineage, family

πέδη, -ης, ἡ   -   a fetter, shackle

πέλαγος, -ους, τό   -   the open sea, the depths of the sea

πενθερά, -ᾶς, ἡ   -   mother-in-law

πεντακισχίλιοι, -αι, -α   -   five thousand

πεντακόσιοι, -αι, -α   -   five hundred

πέντε   -   five

πεντήκοντα   -   fifty

περιβόλαιον, -ου, τό   -   covering, cloak

περικάθαρμα, -τος, τό   -   dirt, refuse, rubbish

περικεφαλαία, -ας, ἡ   -   a helmet

περιστερά, -ᾶς, ἡ   -   a dove

περίψημα, -τος, τό   -   dirt, dregs, scum

πετεινόν, -ου, τό   -   a bird

πέτρα, -ας, ἡ   -   a rock

πηγή, -ῆς, ἡ   -   a spring, fountain

πηδάλιον, -ου, τό   -   a rudder

πηλός, -οῦ, ὁ   -   clay

πινακίδιον, -ου, τό   -   a little wooden tablet for writing

πίναξ, -ακος, ἡ   -   a board, dish, platter

πλάξ, πλακός, ἡ   -   a tablet, table

πλάσμα, -τος, τό   -   an image, figure, that which is molded

πλατύς, -εῖα, -ύ   -   broad; street

πλέγμα, -τος, τό   -   braided hair

πλευρά, -ᾶς, ἡ   -   the side

πληγή, -ῆς, ἡ   -   a blow, wound, plague

πλήμμυρα, -ης, ἡ   -   high water, flood

πλοιάριον, -ου, τό   -   a small boat

πλοῖον, -ου, τό   -   a boat

πλοῦτος, -ου, ὁ   -   wealth, riches

πνεῦμα, -τος, τό   -   a spirit, the Spirit

πνοή, -ῆς, ἡ   -   wind, breath

ποδήρης, -ους, ὁ   -   a long robe

ποίμνη, -ης, ἡ   -   a flock

ποίμνιον, -ου, τό   -   a small flock

πόλεμος, -ου, ὁ   -   a war

πόλις, -εως, ἡ   -   a city

πόμα, -τος, τό   -   a drink

πόντος, -ου, ὁ   -   the sea; Pontus

πορφύρα, -ας, ἡ   -   purple cloth

πόσις, -εως, ἡ   -   a drinking, a drink

ποταμός, -οῦ, ὁ   -   a river

ποτήριον, -ου, τό   -   a cup

πότος, -ου, ὁ   -   a drinking party, drunken orgy

πούς, ποδός, ὁ   -   a foot

πρεσβύτερος, -α, -ον   -   elder

προαύλιον, -ου, τό   -   a porch, forecourt, gateway

πρόβατον, -ου, τό   -   a sheep

πρόγονος, -ου, ὁ   -   parents, forefathers

προσκεφάλαιον, -ου, τό   -   a pillow, cushion

προσφάγιον, -ου, τό   -   fish to eat

προσφορά, -ᾶς, ἡ   -   an offering

πρόσωπον, -ου, τό   -   face, presence

προφήτης, -ου, ὁ   -   a prophet

πρύμνα, -ης, ἡ   -   the stern of a ship

πρωΐα, -ας, ἡ   -   early morning

πρῷρα, -ης, ἡ   -   bow, prow of a ship

πρῶτος, -η, -ον   -   first

πτέρνα, -ης, ἡ   -   the heel

πτερύγιον, -ου, τό   -   highest point, pinnacle

πτέρυξ, -υγος, ἡ   -   a wing

πτύον, -ου, τό   -   a winnowing fork

πυγμή, -ῆς, ἡ   -   the fist, boxing

πύλη, -ης, ἡ   -   a gate, porch

πῦρ, -ός, τό   -   fire

πυρά, -ᾶς, ἡ   -   a fire

πύργος, -ου, ὁ   -   a tower

πυρετός, -οῦ, ὁ   -   a fever

πῶλος, -ου, ὁ   -   a colt

ῥάβδος, -ου, ἡ   -   a staff, rod

ῥάκος, -ους, τό   -   a rag, piece of cloth

ῥαφίς, -ίδος, ἡ   -   needle

ῥέδη, -ης, ἡ   -   a carriage, chariot

ῥῆμα, -τος, τό   -   a word

ῥίζα, -ης, ἡ   -   a root

ῥομφαία, -ας, ἡ   -   a sword

ῥύμη, -ης, ἡ   -   a narrow street, lane, alley

ῥύπος, -ου, ὁ   -   dirt, filth

ῥυτίς, -ίδος, ἡ   -   a wrinkle

σ

σαγήνη, -ης, ἡ   -   a dragnet

σάκκος, -ου, ὁ   -   sackcloth

σάλος, -ου, ὁ   -   a surge, wave

σάλπιγξ, -ιγγος, ἡ   -   a trumpet

σανδάλιον, -ου, τό   -   a sandal

σανίς, -ίδος, ἡ   -   a board, plank

σαργάνη, -ης, ἡ   -   a basket

σάρξ, σαρκός, ἡ   -   flesh

σειρά, -ᾶς, ἡ   -   a cord, rope, chain

σελήνη, -ης, ἡ   -   the moon

σεμίδαλις, -εως, ἡ   -   fine wheat flour

σημεῖον, -ου, τό   -   a sign

σής, σητός, ὁ   -   a moth

σιαγών, -όνος, ἡ   -   a cheek

σίδηρος, -ου, ὁ   -   iron

σίκερα, τό   -   beer, liquor, strong drink

σιμικίνθιον, -ου, τό   -   an apron

σινδών, -όνος, ἡ   -   fine linen cloth

σιτίον, -ου, τό   -   grain, food plural

σῖτος, -ου, ὁ   -   wheat

σκάφη, -ης, ἡ   -   a dish, small boat

σκέλος, -ους, τό   -   the leg

σκέπασμα, -τος, τό   -   a covering

σκευή, -ῆς, ἡ   -   equipment, tackle, gear

σκηνή, -ῆς, ἡ   -   a tent, tabernacle

σκῆνος, -ους, τό   -   a tent, lodging

σκήνωμα, -τος, τό   -   a tent, dwelling

σκιά, -ᾶς, ἡ   -   shadow

σκόλοψ, -οπος, ὁ   -   a thorn, splinter

σκοπός, -οῦ, ὁ   -   a goal, mark

σκορπίος, -ου, ὁ   -   a scorpion

σκοτία, -ας, ἡ   -   darkness

σκότος, -ους, τό   -   darkness

σκύβαλον, -ου, τό   -   refuse, garbage, rubbish

σκώληξ, -ηκος, ὁ   -   a worm

σορός, -οῦ, ἡ   -   a coffin, bier

σουδάριον, -ου, τό   -   a face cloth, handkerchief, cloth

σπέρμα, -τος, τό   -   a seed

σπήλαιον, -ου, τό   -   a cave

σπιλάς, -άδος, ἡ   -   a hidden reef, spot, stain

σπίλος, -ου, ὁ   -   a spot, stain, blemish

σπλάγχνον, -ου, τό   -   bowels, heart, tender mercies, compassion

σπόγγος, -ου, ὁ   -   a sponge

σποδός, -οῦ, ἡ   -   ashes

σπορά, -ᾶς, ἡ   -   a seed

σπόρος, -ου, ὁ   -   a seed sown

σπυρίς, -ίδος, ἡ   -   a large basket

στάδιος, -α, -ον   -   a stadia about feet

στάμνος, -ου, ἡ   -   a jar

σταυρός, -οῦ, ὁ   -   a cross

σταφυλή, -ῆς, ἡ   -   a bunch of grapes

στέγη, -ης, ἡ   -   a roof

στέμμα, -τος, τό   -   a wreath or garland of flowers

στερέωμα, -τος, τό   -   the firmament, firmness, steadfastness

στέφανος, -ου, ὁ   -   a crown

στῆθος, -ους, τό   -   the breast, chest

στιβάς, -άδος, ἡ   -   leaves, a leafy branch

στίγμα, -τος, τό   -   a mark, brand

στοά, -ᾶς, ἡ   -   a portico

στόμα, -τος, τό   -   a mouth

στόμαχος, -ου, ὁ   -   stomach

στρουθίον, -ου, τό   -   a sparrow

στῦλος, -ου, ὁ   -   a pillar

συγγένεια, -ας, ἡ   -   kinship, relatives

συγγενίς, -ίδος, ἡ   -   a kinswoman, relative

συκάμινος, -ου, ἡ   -   the mulberry tree

συκῆ, -ῆς, ἡ   -   a fig tree

συκομορέα, -ας, ἡ   -   a sycamore tree or fig mulberry tree

σῦκον, -ου, τό   -   a fig

συμφωνία, -ας, ἡ   -   music, a symphony

συναγωγή, -ῆς, ἡ   -   a synagogue

σύνδεσμος, -ου, ὁ   -   a bond, fetter

σύσσημον, -ου, ἡ   -   signal, sign, standard, banner

σφραγίς, -ῖδος, ἡ   -   a seal

σφυδρόν, -οῦ, τό   -   the ankle

σχίσμα, -τος, τό   -   a tear, division

σχοινίον, -ου, τό   -   a rope, cord

σχολή, -ῆς, ἡ   -   a lecture hall, school

σῶμα, -τος, τό   -   a body

τ

ταβέρνη, -ης, ἡ   -   a rest-house, inn, tavern

τάγμα, -τος, τό   -   division, group, class, order

ταμεῖον, -ου, τό   -   inner room, storeroom

ταῦρος, -ου, ὁ   -   a bull, ox

ταφή, -ῆς, ἡ   -   a burial, burial-place

τάφος, -ου, ὁ   -   a grave, tomb

ὁ κατάλογος τῶν λεξεῶν

τεῖχος, -ους, τό   -   a wall

τέκνον, -ου, τό   -   a child

τέσσαρες   -   four

τεσσεράκοντα   -   forty

τετρακόσιοι, -αι, -α   -   four hundred

τέχνη, -ης, ἡ   -   art, craft, trade

τοῖχος, -ου, ὁ   -   a wall

τόξον, -ου, τό   -   a bow

τράγος, -ου, ὁ   -   a male goat

τράπεζα, -ης, ἡ   -   a table

τραῦμα, -τος, τό   -   a wound

τράχηλος, -ου, ὁ   -   the neck

τρεῖς, -τρία   -   three

τρῆμα, -τος, τό   -   an opening, hole

τριάκοντα   -   thirty indeclinable

τριακόσιοι, -αι, -α   -   three hundred

τρίβολος, -ου, ὁ   -   a thistle, briar

τρίστεγον, -ου, τό   -   the third story, floor

τρισχίλιοι, -αι, -α   -   three thousand

τροφή, -ῆς, ἡ   -   food

τροφός, -οῦ, ἡ   -   a nurse, mother

τροχιά, -ᾶς, ἡ   -   wheel-track, path, way

τροχός, -οῦ, ὁ   -   a wheel, course

τρύβλιον, -ου, τό   -   a bowl, dish

τρυγών, -όνος, ἡ   -   small pigeon, turtledove

τρυμαλιά, -ᾶς, ἡ   -   a hole, eye of a needle

τρύπημα, -ατος, τό   -   a hole

τύπος, -ου, ὁ   -   a mark, example

τυφλός, -ή, -όν   -   blind

υ

ὕαλος, -ου, ἡ   -   crystal, glass

ὑδρία, -ας, ἡ   -   a water pot, jar

ὕδωρ, ὕδατος, τό   -   water

ὑετός, -ου, ὁ   -   rain

υἱός, -οῦ, ὁ   -   a son

ὕλη, -ης, ἡ   -   a forest, wood, timber

ὕμνος, -ου, ὁ   -   a song of praise

ὑπάντησις, -εως, ἡ   -   a going to meet

ὑπόδημα, -τος, τό   -   a sandal, shoe

ὑποζύγιον, -ου, τό   -   a donkey, ass

ὑπολήνιον, -ου, τό   -   a wine trough, vat

ὑποπόδιον, -ου, τό   -   a footstool

ὗς, ὑός, ἡ   -   sow

ὕψωμα, -τος, τό   -   height, a lofty thing

φαιλόνης, -ου, ὁ   -   a cloak

φανός, -οῦ, ὁ   -   a lamp

φάραγξ, -αγγος, ἡ   -   a ravine, chasm

φάρμακον, -ου, τό   -   poison, sorcery

φάσις, -εως, ἡ   -   a report, announcement

φάτνη, -ης, ἡ   -   a manger, stall

φέγγος, -ους, τό   -   light, brightness

φήμη, -ης, ἡ   -   report, news

φιάλη, -ης, ἡ   -   a cup, bowl

φίλημα, -τος, τό   -   a kiss

φλόξ, φλογός, ἡ   -   a flame

φοῖνιξ, -ῖκος, ὁ, ἡ   -   a palm tree, palm branch

φόρον, -ου, τό   -   a market, forum

φορτίον, -ου, τό   -   a burden, load

φραγέλλιον, -ου, τό   -   a whip, lash, scourge

φραγμός, -οῦ, ὁ   -   a wall, fence, hedge, partition

φρέαρ, -ατος, τό   -   a well

φρύγανον, -ου, τό   -   a bush, shrub, stick

φυγή, -ῆς, ἡ   -   flight

φυλακή, -ῆς, ἡ   -   a guard, a prison, a watch

φυλακτήριον, -ου, τό   -   a phylactery, a prayer-band

φύλλον, -ου, τό   -   a leaf

φυτεία, -ας, ἡ   -   a plant

φωλεός, -οῦ, ὁ   -   den, hole

φωνή, -ῆς, ἡ   -   a sound, voice

φῶς, φωτός, τό   -   light

φωστήρ, -ῆρος, ὁ   -   star, light, brilliance

φωσφόρος, -ου, ὁ   -   a morning star

χ

χάλαζα, -ης, ἡ   -   hailstone

χαλινός, -οῦ, ὁ   -   a bit, bridle

χαλκίον, -ου, τό   -   a bronze vessel

χαλκολίβανον, -ου, τό   -   burnished bronze

χαλκός, -οῦ, ὁ   -   money, copper or bronze

χάραγμα, -τος, τό   -   a stamp, impress

χαρακτήρ, -ῆρος, ὁ   -   an impress, exact representation, exact likeness

χάραξ, -ακος, ὁ   -   a pointed stake, entrenchment

χάρισμα, -τος, τό   -   a gift

χάρτης, -ου, ὁ   -   papyrus, a sheet of paper

χάσμα, -τος, τό   -   chasm

χεῖλος, -ους, τό   -   a lip, an edge

χείμαρρος, ον   -   a brook

χειμών, -ῶνος, ὁ   -   winter, a storm

χείρ, χειρός, ἡ   -   a hand

χερούβ   -   a Cherub, a winged creature

χιλιάς, -άδος, ἡ   -   a thousand

χίλιοι, -αι, -α   -   a thousand

χιτών, -ῶνος, ὁ   -   a tunic

χιών, -όνος, ἡ   -   snow

χλαμύς, -ύδος, ἡ   -   a mantle, robe

χοῖνιξ, -ικος, ἡ   -   a quart

χοῖρος, -ου, ὁ   -   a pig

χόρτασμα, -τος, τό   -   food

χόρτος, -ου, ὁ   -   grass, hay

χοῦς, χοός, ὁ, ἡ   -   soil, dust

χρόνος, -ου, ὁ   -   time

χρυσίον, -ου, τό   -   gold

χρυσός, -οῦ, ὁ   -   gold

χρώς, χρωτός, ὁ   -   skin

χώρα, -ας, ἡ   -   a region, country

χωρίον, -ου, τό   -   a place, field

χῶρος, -ου, ὁ   -   northwest wind

ψαλμός, -οῦ, ὁ   -   a psalm, Psalm

ψῆφος, -ου, ἡ   -   a small smooth stone, a voting-pebble

ψιχίον, -ου, τό   -   a crumb, scrap

ᾠδή, -ῆς, ἡ   -   a song, ode

ὦμος, -ου, ὁ   -   a shoulder

ᾠόν, -οῦ, τό   -   an egg

ὥρα, -ας, ἡ   -   an hour

ὠτάριον, -ου, τό   -   ear

ὠτίον, -ου, τό   -   an ear

Additional Words (Not paired with an image or not found in the Greek New Testament)

καί - and, even, also

εἰσαγωγή, -ῆς, ἡ - introduction

πίναξ, -ακος, ὁ - table of contents (also "plate" see pg. 25)

τό - the

τά - the

ὁ - the

κατάλογος, -ου, ὁ - list, catalogue

τόν - the

λέξις, -εως, ἡ - vocabulary

ὀκτακόσιοι, αι, α - eight hundred

Made in the USA
Lexington, KY
04 May 2014